JN157501

パリのかわいい お菓子づくり

SAWAKO

INTRODUCTION

パリはいつでも、私たちを惹きつけます。

美しい街並み、オシャレなパリジェンヌたち、洗練されたお菓子やお料理。
一度でもパリに行ったことのある人なら、魅了されない人はいないでしょう。

私も初めてパリに行ってから今日まで、みなさんと同じくパリに憧れる一人です。
気がつけば単身留学し、帰国した今でも毎年足を運ぶ、
なくてはならない大好きな場所となりました。

いつでも変わらないパリは、来る人を温かく迎えてくれて、そして刺激をくれる、
とても素敵な場所です。

本書では、私がパリで学んできた洗練されたフランス菓子をベースに、
その基礎を学んだ日本、そしてもうひとつの留学先であるロンドンのエッセンスを加えて、
初心者の方にも簡単に作りやすいレシピでお届けします。

毎日のデザートはもちろん、大切な人への気軽なプレゼントから、
ときにはおもてなしや特別な日にも、この本を片手にお菓子づくりを楽しんでください。

手作りする楽しさとおいしさ、贈る喜び、
眺めているだけで幸せな気持ちになるような、愛らしいお菓子づくり。
本書を通して、みなさんのひとときがより豊かなものになれば、
こんなにうれしいことはありません。

パリのかわいいお菓子づくり　CONTENTS

INTRODUCTION ……………………………… 02

1　基本のレシピ

生地

ふわふわスポンジ ……………………………… 08
ビスキュイ ……………………………… 09

カップケーキマフィン

プレーン ……………………………… 10
紅茶 ……………………………… 11
チョコレート ……………………………… 11

クリーム・ジャム・シロップ

アメリカンバタークリーム ……………………………… 12
シャンティークリーム ……………………………… 12
イタメレバタークリーム ……………………………… 13
パータ・ボンブバタークリーム ……………………………… 13
フルーツジャム、シロップ ……………………………… 13

カップケーキデコレーション

ローズ／ツリー／リング ……………………………… 14
ドロップ／フリル／スパイラル／フラワー ……………………………… 15

2　定番人気のお菓子

焼き菓子

ポルボローネ ……………………………… 18
絞り出しクッキー ……………………………… 20
ジャムサンドクッキー ……………………………… 22
ガレット ブルトンヌ ……………………………… 24
ミニタルト２種（アプリコット、ブルーベリー） ……………………………… 26
フロランタン ショコラ ……………………………… 28
モカ・ダコワーズ ……………………………… 30
パン・ド・ジェーヌ ……………………………… 32
ハートのティグレ２種（プレーン、抹茶） ……………………………… 34
マドレーヌ（はちみつ、桜） ……………………………… 36
フィナンシェ（紅茶といちじく、ココア） ……………………………… 38
パウンドケーキ（レモン、抹茶） ……………………………… 40

カップケーキ

３色カラフルカップケーキ ……………………………… 42
いちごカスターカップケーキ ……………………………… 44

桜と練乳のカップケーキ……46
ベリーカップケーキ……48
キャロットカップケーキ……50
オレオカップケーキ……52
バナナティラミスカップケーキ……54
紅茶と洋梨のカップケーキ……56
抹茶と黒ごまのカップケーキ……58
フォレノワールカップケーキ……60

グラススイーツ

ベリーショコラとハニーナッツのトライフル……62
マンゴーとココナッツのヴェリーヌ……64
いちごとピスタチオのムースグラス……66
フルーツゼリー（グレープフルーツ、オレンジ、スイカ）……68
グレープフルーツカードのひんやりスイーツ……70
オレンジティラミス……72
コーヒーブラマンジェ……74
ブルーベリーモンブラン……76
抹茶のムース……78

3　特別な日のお菓子

ホールケーキ

ネイキッドケーキ……82
ブルーベリーレアチーズケーキ……84
フレジエ……86
抹茶とラズベリーのシャルロットケーキ……88

季節のお菓子

クリスマスツリーのカップケーキ／ホットワイン……90
Wチョコレートカップケーキ／ショコラ・ショー……92

Column

“手作り”が日常で、最高のおもてなし……16
ロンドンのカップケーキに出会って……80
材料へのこだわり……94
お気に入りのもの……95

この本の決まり

・大さじ１＝15ml　小さじ１＝5mlです。
・オーブンの焼成温度・時間は機種により異なりますので、様子を見ながら加減してください。
・電子レンジは600Wの場合です。W数に応じて調整してください。
・バターは食塩不使用のものを使用しています。
・卵は基本的にMサイズ（1個60g・正味55g）を常温にもどして使用します。
・生クリームは指定がない限り、乳脂肪分45～47％を使用しています。

1　基本のレシピ

まずは基本の生地・クリーム作りとデコレーションの方法をわかりやすく解説します。基本のレシピをしっかりおさえれば初めてでも失敗なし。あとは組み合わせや素材を変えるなどして、バリエーションを広げましょう。

Fluffy Sponge
ふわふわスポンジ

しっとりスポンジのシンプルレシピ。
コツさえつかめばとっても簡単です。

材料（直径15cm型）

材料	分量
卵	2個
グラニュー糖	70g
薄力粉	55g
牛乳	10ml
溶かしバター	15g

作り方

1

卵とグラニュー糖をボウルに入れ、湯せんにかけながらハンドミキサーの高速で混ぜ、もったりと、すくい落とすと跡が残るまで泡立てる。

2

ホイッパーに持ち替え、軽く混ぜ直し気泡を消す。

3

薄力粉をふるい入れ、ゴムベラで軽く混ぜる。牛乳とバターを合わせて温め、加え混ぜる。

4

クッキングシートを敷いた型に流し入れ、170℃のオーブンで25分焼き、冷ます。

Basic Biscuit
ビスキュイ

ふんわりした口当たりの軽い生地は、
カスタードやムースとの相性抜群。

材料（直径15cm丸×２個）

卵黄……………………………２個分
グラニュー糖①………………………20g
卵白……………………………２個分
グラニュー糖②………………………40g
薄力粉……………………………75g
粉砂糖…………………………… 適宜

作り方

1

卵黄にグラニュー糖①を加えホイッパーで混ぜる。

2

卵白をハンドミキサーで泡立て、グラニュー糖②を3回に分けて加え混ぜ、角が立つくらいまで、しっかりとしたメレンゲを作る。

3

1の卵黄、薄力粉を加えゴムベラでさっくりと混ぜ合わせる。

4

丸口金で適当な形に絞り出す。粉砂糖をふり、170℃のオーブンで15分焼く。

Basic Cupcake

カップケーキマフィン

アレンジしやすいベーシックなカップケーキは
プレゼントにも最適。
好みのデコレーションを楽しみましょう。

プレーンマフィン

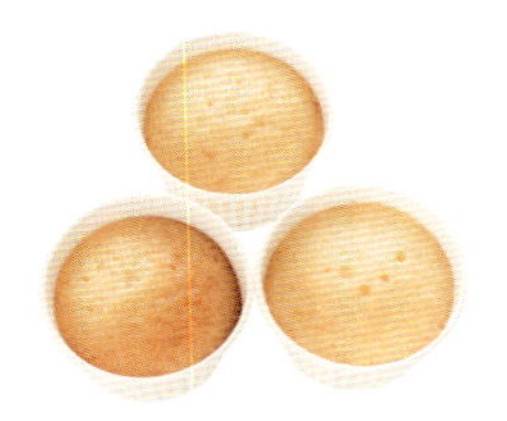

材料（10個分）

卵	1個	☆無脂肪ヨーグルト	60g
グラニュー糖	110g	☆牛乳	25ml
はちみつ	15g	★薄力粉	150g
サラダオイル	100g	★重曹	小さじ1/2(2g)

作り方

1

卵にグラニュー糖、はちみつ、オイルを順に入れその都度ホイッパーですり混ぜる。

2

☆を合わせて入れ、よく混ぜる。

3

★を合わせてふるい入れ、優しく混ぜ合わせ、マフィンカップに6分目まで流し入れ、140℃のオーブンで30分、きつね色になり生地に弾力が出るまで焼く。

4

焼きあがったら、コルネまたは絞り袋に入れたはちみつ(分量外)をカップケーキに注入し、デコレーションするまでしっかりと冷ます。

紅茶マフィン

材料（10個分）

牛乳……100ml
紅茶のティーバッグ……2個
卵……1個
グラニュー糖……120g
サラダオイル……100g
★薄力粉……160g
★重曹……小さじ1/2(2g)
紅茶の茶葉（ティーバッグの中身）……大さじ1
紅茶エッセンス……適宜

作り方

1

小鍋で牛乳を沸騰する直前まで温め、火を止めて紅茶のティーバッグを入れる。蓋をして15分蒸らし、濃いミルクティーを作る。

2

卵にグラニュー糖、オイル、1を順に加え混ぜ、★を合わせてふるい入れ、優しく混ぜ合わせる。

3

紅茶の茶葉、エッセンスを加え混ぜ合わせ、マフィンカップに6分目まで流し入れ、140℃のオーブンで30分、プレーンと同様に焼く。

チョコレートマフィン

材料（10個分）

卵……1個
グラニュー糖……110g
サラダオイル……100g
☆無脂肪ヨーグルト……60g
☆牛乳……25ml
☆インスタントコーヒー（顆粒）・小さじ1
★薄力粉……100g
★ココアパウダー……50g
★重曹……小さじ1/2(2g)
塩……小さじ1/2

作り方

1

卵にグラニュー糖、オイルを順に入れその都度ホイッパーですり混ぜる。

2

☆を耐熱容器に合わせて入れ、電子レンジで20秒程度、ほんのり温めて、インスタントコーヒーを溶かし、粗熱がとれたらふるった★、塩と一緒に1に加え混ぜる。

3

均一に混ざったら、マフィンカップに6分目まで流し入れ、140℃のオーブンで30分、プレーンと同様に焼く。

POINT 低温でゆっくりと焼くことで膨らみを抑えることができます。オーブンにより異なるので様子を見ながら調整して。

Cream クリーム

各レシピのクリームを変えて、口どけや香り、甘さの違いを楽しんで。
すべて作りやすい分量で記載しています。

アメリカンバタークリーム

難易度 ★☆☆

一番簡単でデコレーションしやすいクリーム。
甘いのが大好きならぜひトライして。

材料

バター(常温)・・・・・150g
粉砂糖・・・・・・・・・・・200g

作り方

1 バターに粉砂糖を加え、ハンドミキサーの低速で混ぜる。

シャンティークリーム

難易度 ★☆☆

絞っても、塗ってもOKの万能クリーム。
ボソボソになりにくいのは、マスカルポーネのおかげ。

材料

生クリーム・・・・・・200ml
マスカルポーネ・・・100g
グラニュー糖・・・・・・20g
バニラエッセンス・・・5滴

作り方

1 生クリーム、マスカルポーネ、グラニュー糖を入れたボウルを、氷水にあてながらハンドミキサーの中速で混ぜる。

2 7分立てまで混ぜたら、バニラエッセンスを加える。

イタメレバタークリーム 難易度★★☆

ふわふわで甘さ控えめで人気No.1！
保形力も抜群です。

材料

水‥‥‥‥‥‥‥‥‥‥‥‥‥‥20ml
グラニュー糖①‥‥60g
卵白‥‥‥‥‥‥‥‥‥‥‥‥‥‥30g
グラニュー糖②‥‥15g
バター（常温）‥‥‥450g

作り方

1 水とグラニュー糖①を小鍋に入れ、中火にかけ117℃まで触らずに煮詰める。

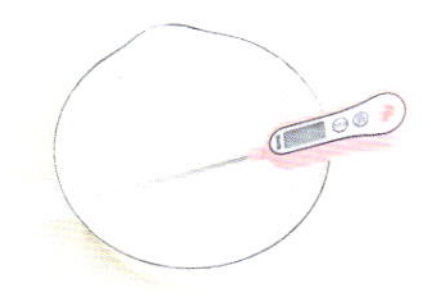

2 卵白をハンドミキサーで泡立て、グラニュー糖②を3回に分けて加え、角が立つくらいまで、しっかりとしたメレンゲを作る。

3 1のシロップをメレンゲにたらし入れ、低速で混ぜた後、高速にし、粗熱がとれるまで混ぜる。

4 バターを入れ、中速で混ぜ合わせる。

パータ・ボンブバタークリーム 難易度★★★

クッキーやマカロンのフィリングにも使える
リッチなクリーム。優しい甘さです。

材料

水‥‥‥‥‥‥‥‥‥‥‥‥‥‥20ml
グラニュー糖‥‥‥‥60g
卵黄（常温）‥‥‥‥2個分
バター（常温）‥‥‥150g

作り方

1 イタメレバタークリームの要領で、水とグラニュー糖で106℃のシロップを作る。

2 シロップを卵黄にたらし入れ、ハンドミキサーの低速で混ぜた後、高速にし、粗熱がとれてもったりとするまで混ぜる。

3 バターを入れ、中速で混ぜ合わせる。

POINT

卵黄は常温にもどしておくと成功しやすい。

フルーツジャム

材料

ラズベリー／ブルーベリー／いちご（冷凍）‥300g
グラニュー糖‥‥‥‥‥‥‥‥‥‥‥‥‥‥‥‥‥‥180g
レモン汁‥‥‥‥‥‥‥‥‥‥‥‥‥‥‥‥‥大さじ2

作り方

冷凍のフルーツにグラニュー糖をからめ、2~3時間置き、鍋にレモン汁と一緒に入れ、とろみが出るまで弱火で煮詰める。密閉容器に入れ、冷蔵で保存する。

シロップ

材料

水‥‥‥‥‥‥‥‥‥‥‥‥‥‥‥‥‥‥‥‥‥‥‥100ml
グラニュー糖‥‥‥‥‥‥‥‥‥‥‥‥‥‥‥‥‥30g
リキュール（ラム酒、キルシュなど）‥‥‥大さじ1

作り方

小鍋に水、グラニュー糖を加え溶かし、リキュールを加える。

Cupcake Decoration　カップケーキデコレーション

クリームの色付けと絞り方

色付けはアイシングカラーを爪楊枝に取り、少量ずつクリームに加え好みの色にします。
絞るときは、口金をセットした絞り袋を、コップに入れて、クリームを詰めます。クリームが入ったギリギリのところをねじり、しっかり持ち絞ります。

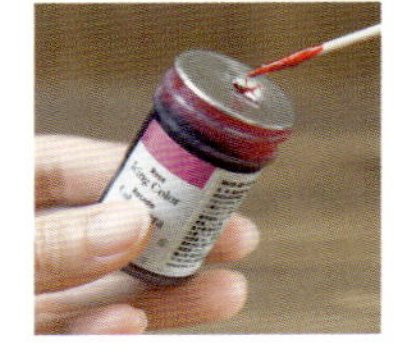

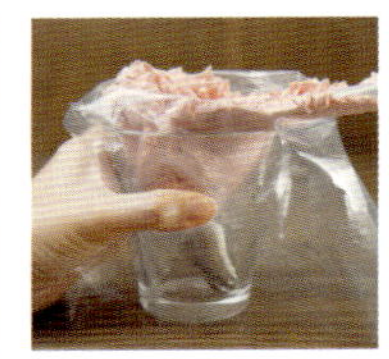

Rose　ローズ

・5切口金使用

口金が垂直になるように持ち、中心から「の」の字を描くように平らに絞る。最後はツノが立たないように、左下方向に力を抜いていく。

Tree　ツリー

・5切口金使用

口金が垂直になるように持ち、中心からソフトクリームを作るようにらせん状に絞る。
絞り終わりは力を抜いていき、口金をゆっくりと引き上げる。

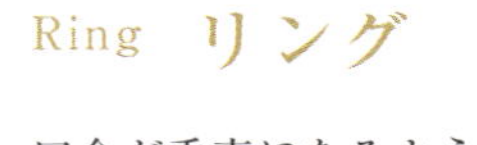

Ring　リング

・丸口金使用

口金が垂直になるように持ち、中心から円を描くように2周重ねる。

Drop ドロップ

・丸口金使用

口金が垂直になるように持ち、真上にスッと力を抜く。端から埋めていくように重ねる。

Spiral スパイラル

・5切口金使用

口金が垂直になるように持ち、中心から高さを出しながら円を描くように2周重ねる。

Frill フリル

・木の葉口金使用

口金を横に寝かせながら上下に動かし、波打つイメージで外周から絞る。全面を埋めるよう2周重ねる。

Flower フラワー

・バラの口金使用

口金を横に寝かせながら、半円を描くようにして、花びらを1枚ずつ絞り重ねていく。

column 1

“手作り”が日常で、最高のおもてなし

パリジェンヌにとって、お菓子を手作りすることは、ごく当たり前の日常です。

留学していた当時、友人のパリジェンヌのお家にお招きいただいたとき、前菜、メインとフルコースで準備がされていて、最後にはデザートまでしっかりと手作りのものをサーブしてくれたのには大変驚きました。

彼女たちは特別なレッスンを受けたわけでもないのに、シンプルだけど最高においしいチョコレートムースやメレンゲ菓子など、日本人から見ると少しハードルの高そうなお菓子を、サクサクと作ってしまいます。

何より、おいしいケーキがたくさん溢れるパリの街に住んでいても、手作りのお菓子にはそれ以上の特別な魅力があるということを実感しました。思いを込めて手作りしたお菓子には、どこかホッとして優しい気持ちにしてくれる、特別な力があります。

心の底からお菓子づくりを楽しむパリジェンヌのように、週末の夜ご飯のデザートに、友人との集まりの手土産に、作りやすいものから少しずつ、是非トライしてみてください。

2　定番人気のお菓子

ベーシックな焼き菓子やカップケーキ、重ねるだけのグラススイーツなど、手軽に作れるレシピをご紹介。みんなから愛される親しみやすいお菓子を「簡単、おいしい、かわいい、楽しい」をテーマにお届けします。

Polvoron

ポルボローネ

ホロっとほどける食感の、スペインを代表する“幸せクッキー”。
「ポルボロン」と3回唱えながら食べると願いが叶うかも……

材料（25個分）

薄力粉 …………………… 60g
アーモンドパウダー ………… 30g
バター（常温）……………… 30g
ショートニング …………… 30g
粉砂糖 …………………… 20g
シナモン ………………… 5g

粉砂糖（デコレーション用）

作り方

1 薄力粉とアーモンドパウダーを天板にのせ、120℃のオーブンで25分焼き、冷ます。

2 バター、ショートニング、粉砂糖をホイッパーで混ぜ合わせる。

3 1の粉類とシナモンをふるい入れ、ゴムベラで切るように混ぜる。冷蔵庫で1時間寝かせる。

4 一口大になるよう丸め、冷凍する。

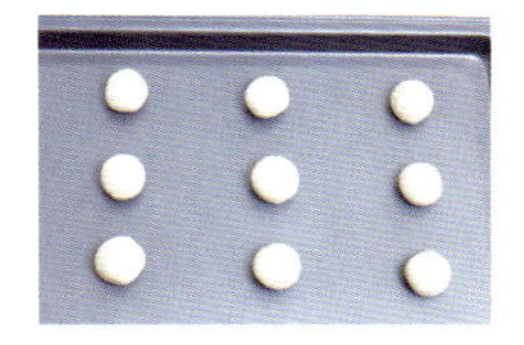

5 170℃のオーブンで5分焼き、さらに160℃で10分焼く。

6 完全に冷めたら、粉砂糖をまぶす。

Squeeze Cookies

絞り出しクッキー

どこか懐かしい雰囲気の絞り出しクッキー。
手軽にたくさん焼けるので、ちょっとしたプレゼントに最適です。

材料（20個分）

バター（常温）……………… 50g
粉砂糖……………………… 30g
卵…………………………… 20g
薄力粉……………………… 50g
アーモンドパウダー ………… 20g

デコレーション
ナッツ類
オレンジピール

作り方

1 バターに粉砂糖を加えホイッパーで混ぜる。卵を加え、同様に混ぜる。

2 薄力粉、アーモンドパウダーを加えゴムベラで切るように混ぜる。

3 星口金で、中央から外側に2周、渦を巻くように丸く天板に絞る。

4 ナッツやオレンジピールをのせ、170℃のオーブンで15分焼く。

Jam Cookie

ジャムサンドクッキー

鮮やかなジャムをクッキーで挟んで、キラキラ輝く華やかな仕上がりに。
さくさく生地にしっとりジャムがマッチしたフルーティーなクッキーです。

材料（15個分）

バター …………………… 80g
粉砂糖 …………………… 40g
卵 ………………………… 30g
☆アーモンドパウダー ……… 30g
☆薄力粉 ………………… 140g

ラズベリージャム
粉砂糖（デコレーション用）

POINT

生地をのばす工程でやわらかくなってきたら、一度冷蔵庫に入れて冷やすと、扱いやすくなります。

作り方

1 バターに粉砂糖を加えホイッパーで混ぜる。卵を加えさらに混ぜる。

2 ☆をふるい入れ、ゴムベラで切るように混ぜる。ラップにくるみ、冷蔵庫で約2時間寝かせる。

3 生地を3mmの厚さにのばし、クッキー型で抜く。

4 180℃のオーブンで15分焼き、冷ます。穴が空いている方に、粉砂糖をふるう。

5 穴のない方にラズベリージャム（13ページ参照）を塗り、4の穴があるクッキーで挟む。

Galette Bretonne

ガレット ブルトンヌ

人気のフランスブルターニュ地方の厚焼きサブレ。
ざくざくとした食感、バターの豊かな香りが魅力。上質な塩とバターで作ってみて。

材料（各10個分）

プレーン

バター……………………125g
粉砂糖……………………75g
卵黄………………………30g
塩…………………………小さじ1
★薄力粉…………………130g
★アーモンドパウダー………15g
★ベーキングパウダー …小さじ1/4

ココア

バター……………………125g
粉砂糖……………………75g
卵黄………………………30g
塩…………………………小さじ1
★薄力粉…………………100g
★ココアパウダー…………30g
★アーモンドパウダー………15g
★ベーキングパウダー …小さじ1/4

ドリュール（仕上げのつや出し）

卵…………………………1個
インスタントコーヒー（顆粒）‥大さじ1
湯 ………………………大さじ1/3

準備

・インスタントコーヒーを湯で溶き、コーヒー液を作る。

POINT

バターが多い生地なので、必ずアルミカップを使用しましょう。

作り方

1 プレーンの生地は、ボウルにバター、粉砂糖を入れ、ホイッパーで混ぜる。さらに卵黄と塩を加え混ぜる。

2 ★を加えゴムベラで切るように混ぜる。同様にココアの生地を作る。ラップに包み、冷蔵庫で約2時間寝かせる。

3 生地を1cmの厚さにのばす。5cmのセルクルで抜き、アルミカップに入れる。

4 全卵をこしたものをプレーンに、そこにコーヒー液を混ぜたものをココアに刷毛で塗る。

5 フォークの背で十字に線を入れ、170℃のオーブンで25分焼く。

Mini Tart

ミニタルト2種（アプリコット、ブルーベリー）

フルーツの甘さとアーモンドクリームがぴったり。
さくさくの生地に季節のフルーツをのせて、ジューシーなタルトのできあがりです。

材料（直径8cmのタルト型　6個分）

タルト生地

バター……………………90g
塩…………………ひとつまみ
粉砂糖……………………73g
卵…………………………1個
薄力粉…………………180g

アーモンドクリーム

バター……………………55g
粉砂糖……………………55g
卵…………………………1個
★アーモンドパウダー…………55g
★薄力粉……………………12g
〈アプリコット用〉
紅茶の茶葉、紅茶のエッセンス…適宜
〈ブルーベリー用〉ラム酒‥大さじ1

クランブル

薄力粉……………………20g
アーモンドパウダー…………20g
粉砂糖……………………15g
バター(冷えたもの)…………13g
塩…………………ひとつまみ

トッピング

ブルーベリー
アプリコット（缶詰）
アーモンドスライス
ナパージュ
粉砂糖
ピスタチオ

作り方

1 タルト生地のバター、塩、粉砂糖をホイッパーで混ぜ、卵を加えさらに混ぜる。薄力粉を加え切るようにゴムベラで混ぜる。

2 完全に混ざったら冷蔵庫で一晩寝かせる。

3 アーモンドクリームのバターと粉砂糖を混ぜる。卵と★を1/3ずつ交互に入れ混ぜる。2つに分け、一方には紅茶の茶葉、エッセンス、もう一方にはラム酒を混ぜる。

4 ボウルにクランブルの材料を入れ、粉をまぶしながら指でバターをすりつぶし、クランブルを作る。冷凍庫で保存する。

5 タルト生地をのばし、型に敷きこむ。余分な生地はナイフでカットする。

6 フォークで空気穴を生地に作る。3のアーモンドクリームを入れる。

7 ブルーベリーとクランブル、アプリコットとアーモンドスライスを飾り、170℃のオーブンで35分焼く。

8 冷めたら、アプリコットタルトはナパージュ、粉砂糖、ピスタチオで仕上げる。

2

4

5

6

7

8

Florentins Chocolat

フロランタン ショコラ

キャラメルがけのアーモンドにオレンジピールとホワイトチョコレート。
それぞれが調和し、余韻の残る味わいに。

材料（正角セルクル 15cm）

クッキー生地

バター ………………… 40g
粉砂糖 ………………… 20g
卵 ………………… 15g
☆アーモンドパウダー ………… 15g
☆薄力粉 ………………… 70g

アパレイユ

★バター ………………… 35g
★グラニュー糖 ………………… 45g
★はちみつ ………………… 10g
★水あめ ………………… 10g
★生クリーム ………………… 15ml
アーモンドスライス ………… 45g
オレンジピール ………… 10g

デコレーション

ホワイトチョコレート ………… 40g
ピスタチオ ………………… 適宜

作り方

1 クッキー生地（23ページ参照）を作り、型に合わせて3mmの厚さにのばす。

2 生地をセルクルに入れ、フォークで空気が通る穴をあけ、180℃のオーブンで15分、下焼きする。

3 ★を鍋に入れ、溶けたらアーモンドスライスを加え、きつね色になるまで中火にかける。

4 下焼きした生地2に3を流し、オレンジピールを散りばめる。180℃のオーブンで15分焼く。

5 焼けたらすぐにセルクルを外し、8等分に切る。溶かしたホワイトチョコレートとピスタチオで仕上げる。

Mocha Dacquoise

モカ・ダコワーズ

コーヒー風味のクリームとふわっとやさしい生地が織りなす、大人の味わい。
難しい作業や特別な材料もいらない、おしゃれでリッチなお菓子です。

材料（15個分）

ダコワーズ生地

卵白 …………………… 120g
グラニュー糖 ……………… 35g
★粉砂糖 ………………… 45g
★アーモンドパウダー ……… 85g
★薄力粉 ………………… 20g

コーヒーバタークリーム

水 ……………………… 20ml
グラニュー糖 ……………… 60g
卵黄（常温）…………… 2個分
バター（常温）…………… 150g
インスタントコーヒー（顆粒）‥大さじ1
湯 ………………… 大さじ1/3

準備

・インスタントコーヒーを湯で溶き、コーヒー液を作る。

作り方

1 卵白を泡立て、グラニュー糖を加えさらに泡立てメレンゲ（9ページ作り方2参照）を作る。

2 ★をふるい入れ、ゴムベラでさっくりと混ぜる。

3 丸口金で一口大に絞り、粉砂糖（分量外）をかける。200℃のオーブンで15分焼く。

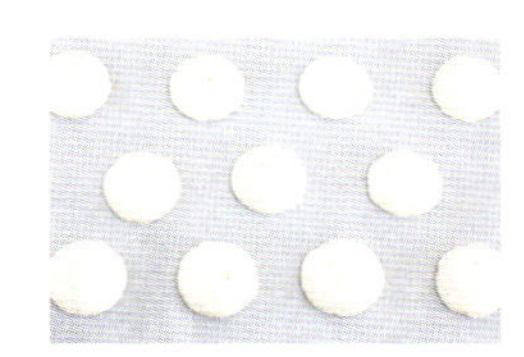

4 パータ・ボンブバタークリーム（13ページ参照）に、コーヒー液を加えコーヒーバタークリームを作る。

5 生地2枚で4のクリームをはさみ、はり合わせる。

Pain De Genes

パン・ド・ジェーヌ

アーモンドをふんだんに使ったフランスの伝統的なお菓子。
きめ細かなしっとり生地が、シンプルながらも奥深い味わい。

材料（15個分）

マジパンローマッセ ……… 150g
粉砂糖 ………………… 40g
卵 ……………………… 140g
溶かしバター ………… 65g
アマレットリキュール ……… 10g
☆薄力粉 ……………… 40g
☆ベーキングパウダー …… 小さじ1/4

準備

・マジパンローマッセは電子レンジで30秒×2回ほど加熱し、やわらかくする。

作り方

1 準備したマジパンローマッセと粉砂糖を、手で握るようにして合わせる。同様に卵も合わせる。

2 溶かしバター、アマレットリキュールを加えホイッパーで混ぜ、☆をふるい入れ混ぜる。

3 バター（分量外）を塗った型に生地を流し入れ、170℃のオーブンで20分焼く。

4 焼きあがったら粗熱がとれるまで冷ます。

Heart Tigre

ハートのティグレ２種（プレーン、抹茶）

ティグレはフランス語で「タイガー（虎）」の意味。
チョコチップを虎柄にみたてた、キュートな焼き菓子。

材料（ティグレ型　10個分）

フィナンシェ生地

卵白 …………………… 70g
グラニュー糖 ………………… 65g
水あめ …………………… 10g
★アーモンドパウダー ………… 45g
★薄力粉 …………………… 20g
（★抹茶 …………………… 10g）
バター …………………… 70g

デコレーション

黒豆
チョコチップ
金箔

抹茶ティグレガナッシュ

ホワイトチョコレート ……… 30g
生クリーム（36%） ………… 10ml

プレーンティグレガナッシュ

ミルクチョコレート ………… 30g
生クリーム（36%） ………… 15ml

作り方

1 フィナンシェ生地（38ページ参照）を作る。

2 抹茶味には抹茶を加える。

3 型の底に、抹茶には黒豆、プレーンにはチョコチップを置く。

4 その上から生地を流して170℃のオーブンで20分焼く。

5 湯せんで溶かしたチョコレートと生クリームを、ホイッパーで混ぜ２種のガナッシュを作り、ティグレのくぼみにスプーンで流し入れ、冷蔵庫で冷やし固める。金箔を飾る。

Honey Madeleine

はちみつマドレーヌ

しっとりとした口当たりと優しい甘さ、シンプルで飽きのこない味。

材料（マドレーヌ型12個分）

卵 ………………………… 90g
グラニュー糖 ………………… 70g
はちみつ …………………… 40g
牛乳 ……………………… 30ml
☆薄力粉 …………………… 90g
☆アーモンドパウダー ……… 15g
☆ベーキングパウダー …… 小さじ2/3
溶かしバター ……………… 130g

準備

・型にやわらかくしたバター（分量外）を塗り、薄力粉（分量外）を薄くふるう。

作り方

1 卵、グラニュー糖、はちみつ、牛乳を合わせ、ホイッパーでよく混ぜる。

2 ☆をふるい入れ、最後に溶かしバターを加え混ぜる。冷蔵庫で約1時間寝かせる。

3 型に生地を流し入れ、180℃のオーブンで20分焼く。

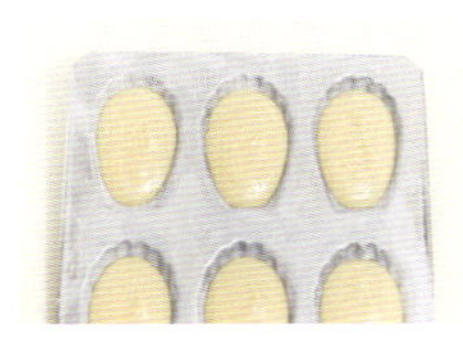

Cherry Blossom Madeleine

桜のマドレーヌ

口いっぱいに桜の風味が広がる、見た目も上品なひと品。

材料（カップ8個分）

卵 ························ 90g
グラニュー糖 ················· 100g
牛乳 ······················ 30ml
☆薄力粉 ···················· 90g
☆アーモンドパウダー ·········· 15g
☆ベーキングパウダー ···· 小さじ2/3
溶かしバター ················ 130g
桜の葉パウダー ············ 小さじ1

デコレーション

デコレーション用ホワイトチョコレート
桜の花の塩漬け（塩抜きしたもの）

準備

・桜の花の塩漬けを、40℃程度のぬるま湯に5分程浸し塩抜きする。

作り方

1 はちみつマドレーヌと同様に生地を作り、最後に桜の葉パウダーを加え混ぜる。

2 カップに入れ180℃のオーブンで20分焼く。

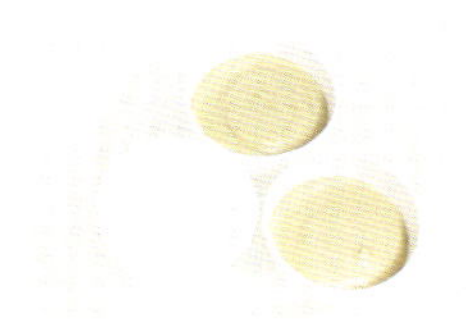

3 溶かしたホワイトチョコレートと桜の花の塩漬けで、デコレーションする。

Tea Fig Financier

紅茶といちじくのフィナンシェ

プチプチしたいちじくの食感と焦がしバターの風味が特徴の、香り豊かなお菓子です。

材料（フィナンシェ型7個分）

フィナンシェ生地

卵白……………………70g
グラニュー糖……………65g
水あめ……………………20g
★アーモンドパウダー………40g
★薄力粉…………………20g
バター……………………70g

デコレーション

紅茶の茶葉……………大さじ1
ドライいちじく……………40g
ラム酒……………………大さじ1

作り方

1 卵白にグラニュー糖と水あめを加え、ホイッパーで十分ほぐしコシをきる。

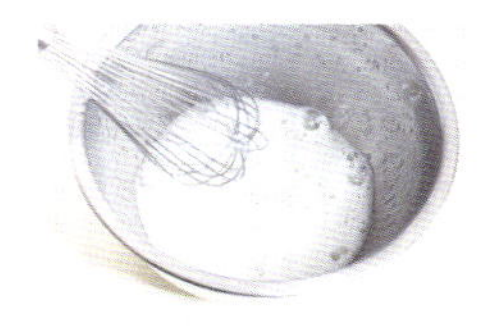

2 ★をふるい入れ、ホイッパーでよく混ぜる。

3 鍋にバターを入れ、中火で茶色くなるまでホイッパーで混ぜ、焦がしバターにする。鍋ごと氷水にあて、色止めする。

4 2に加えホイッパーで混ぜる。紅茶の茶葉、ラム酒を混ぜ、上にドライいちじくをのせる。型に入れ200℃のオーブンで12分焼く。

Cocoa Financier

ココアのフィナンシェ

ほろ苦いココア風味の生地にして、甘いチョコレートとカカオニブで仕上げました。

材料（フィナンシェ型7個分）

フィナンシェ生地

卵白……………………70g
グラニュー糖……………65g
水あめ……………………10g
★アーモンドパウダー………40g
★薄力粉…………………20g
★ココアパウダー…………10g
バター……………………70g

デコレーション

ホワイトチョコレート
カカオニブ

作り方

1 紅茶といちじくのフィナンシェと同様にして、生地にココアを加え焼く。

2 溶かしたホワイトチョコレートとカカオニブでデコレーションする。

Lemon Pound Cake

レモンのパウンドケーキ

レモンのさわやかな香りと酸味が楽しめる、さっぱりとしたケーキ。

材料（パウンド型　スリム型　2台分）

パウンドケーキ

- バター（常温）…… 95g
- グラニュー糖 …… 60g
- はちみつ …… 25g
- ☆生クリーム …… 小さじ1
- ☆卵 …… 1個
- ☆卵黄 …… 1個分
- ★薄力粉 …… 90g
- ★ベーキングパウダー …… 小さじ1/4
- ★レモンの皮（すりおろし）…… 1個分

デコレーション

- 粉砂糖 …… 200g
- レモン汁 …… 40g
- アプリコットジャム（裏ごししたもの）…… 60g
- ピスタチオ …… 20g

作り方

1 バターにグラニュー糖、はちみつを加えホイッパーで混ぜ、☆を加えさらに混ぜる。

2 ★を加えゴムベラで混ぜ合わせ、バター（分量外）を塗った型に流し入れる。180℃のオーブンで30分焼く。

3 パウンドケーキが冷めたら、加熱してゆるくしたアプリコットジャムを下地として塗る。

4 粉砂糖とレモン汁をホイッパーで混ぜ合わせアイシングを作り、ケーキ全体にかけ、刻んだピスタチオをのせる。

Matcha Pound Cake

抹茶のパウンドケーキ

ほどよい苦味の抹茶生地の中に込めた、あんがかわいらしい表情の和風ケーキ。

材料（パウンド型 21cm 1台分）

クランブル

薄力粉 …………………… 10g
アーモンドパウダー ………… 10g
粉砂糖 …………………… 8g
バター（冷えたもの）………… 10g

パウンドケーキ

バター（常温）……………… 95g
グラニュー糖……………… 60g
はちみつ ………………… 25g
☆生クリーム …………… 小さじ1
☆卵 ……………………… 1個
☆卵黄 …………………… 1個分
★薄力粉 ………………… 90g
★ベーキングパウダー …… 小さじ1/4
★抹茶 …………………… 10g

こしあん
スライスアーモンド

作り方

1 クランブル（27ページ参照）を作り、冷凍庫で保存する。

2 レモンのパウンドケーキと同様に、抹茶を加えて生地を作る。

3 パウンド型に紙を敷き、生地を流し入れ、中央にあんを絞り入れる。

4 クランブルとスライスアーモンドをのせ、180℃のオーブンで35分焼く。

Triple Colour Cupcake

3色カラフルカップケーキ

カラフルなカップケーキはクリームの色を変えるだけで、何通りにも。
コロンとかわいらしく絞って。

材料（10個分）

プレーンマフィン

卵 ‥‥‥‥‥‥‥‥‥‥‥‥‥‥‥‥‥‥ 1個
グラニュー糖 ‥‥‥‥‥‥‥‥‥‥‥‥‥ 110g
はちみつ ‥‥‥‥‥‥‥‥‥‥‥‥‥‥‥‥ 15g
サラダオイル ‥‥‥‥‥‥‥‥‥‥‥‥‥ 100g
☆無脂肪ヨーグルト ‥‥‥‥‥‥‥‥‥‥ 60g
☆牛乳 ‥‥‥‥‥‥‥‥‥‥‥‥‥‥‥‥‥ 25ml
★薄力粉 ‥‥‥‥‥‥‥‥‥‥‥‥‥‥‥‥ 150g
★重曹 ‥‥‥‥‥‥‥‥‥‥‥‥ 小さじ1/2(2g)

アメリカンバタークリーム（12ページ参照）

バター（常温）‥‥‥‥‥‥‥‥‥‥‥‥‥ 150g
粉砂糖 ‥‥‥‥‥‥‥‥‥‥‥‥‥‥‥‥‥ 200g
アイシングカラー（ピンク、紫）

POINT

色は薄めがオススメ。パステルカラーの方が色合わせもしやすく、よりキュートな印象に。

作り方

1 アメリカンバタークリーム（12ページ参照）をリキッド状のアイシングカラーで色付けする。（本項はピンク、紫、色付けしていないクリーム色を準備）

2 大きめの5切口金をセットした絞り袋に3色のクリームを一緒に入れセットする。

3 プレーンマフィン（10ページ参照）を作り、準備する。

4 セットした絞り袋で、マフィンの中央から絞りはじめ、ぐるっと2周重ねるようにする。

5 絞り終わりが立たないように絞り袋を寝かせて、コロンと丸く絞る（15ページ参照）。

Strawberry Custard Cupcake
いちごカスタードカップケーキ

カスタード×いちごの定番のおいしさと、プチケーキのような見ためが愛らしい。
ふわふわシャンティークリームは子どもにも大人気。

材料（10個分）

プレーンマフィン

卵……1個
グラニュー糖……110g
はちみつ……15g
サラダオイル……100g
☆無脂肪ヨーグルト……60g
☆牛乳……25ml
★薄力粉……150g
★重曹……小さじ1/2(2g)

カスタードクリーム

卵黄……1個分
グラニュー糖……20g
☆薄力粉……4g
☆コンスターチ……3g
牛乳……75ml
バニラビーンズ……1/4本

シャンティークリーム

生クリーム……200ml
マスカルポーネ……100g
グラニュー糖……20g
バニラエッセンス……5滴

デコレーション

いちご
ミント

作り方

1 プレーンマフィン（10ページ参照）を作り、冷ます。

2 87ページのクリームを参照し、カスタードクリームを準備する。

3 口金の後ろで、マフィン中央をくり抜き、カスタードクリームを絞り入れる（49ページ参照）。

4 シャンティークリーム（12ページ参照）を準備する。

5 4を星口金をつけた絞り袋に入れ、マフィン中央に低めのソフトクリーム状に絞り出す（14ページ参照）。いちご、ミントを飾る。

Cherry Blossom and Condensed Milk Cupcake

桜と練乳のカップケーキ

春らしさ満開のカップケーキは、ひなまつりや桜のシーズンにぴったり。
ほんのり香る桜が優しい味わい。

材料（10個分）

桜マフィン

卵・・・・・・・・・・・・・・・・・・・・・・・・・1個
グラニュー糖・・・・・・・・・・・・・・・120g
サラダオイル・・・・・・・・・・・・・・・100g
☆無脂肪ヨーグルト・・・・・・・・・・60g
☆牛乳・・・・・・・・・・・・・・・・・・・・25ml
★薄力粉・・・・・・・・・・・・・・・・・・150g
★重曹・・・・・・・・・・・・・小さじ1/2(2g)
桜葉パウダー・・・・・・・・・・・・・小さじ2

練乳バタークリーム

バター（常温）・・・・・・・・・・・・・・150g
粉砂糖・・・・・・・・・・・・・・・・・・・・200g
練乳・・・・・・・・・・・・・・・・・・・・大さじ1
アイシングカラー（ピンク）

デコレーション

アラザン（ホワイト）
桜の花の塩漬け（塩抜きしたもの）

準備

・桜の花の塩漬けを、40℃程度のぬるま湯に5分程浸し塩抜きする。

作り方

1 プレーンマフィン（10ページ参照）の作り方2に桜葉パウダーを追加し、生地を用意する。

2 マフィン型に生地を流し入れ、140℃のオーブンで30分焼き、冷ます。

3 アメリカンバタークリーム（12ページ参照）に練乳を加え、よく混ぜる。微量のアイシングカラーで桜色に着色する。

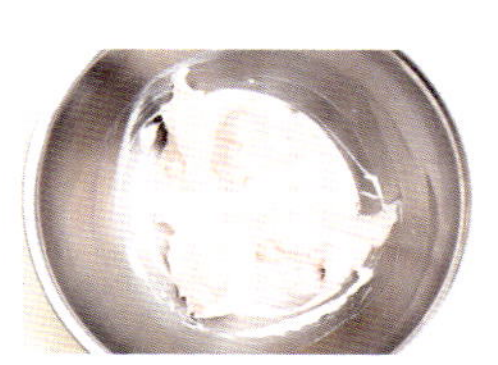

4 木の葉口金をつけた絞り袋にクリームを詰める。

5 フリルのようにデコレーションする（15ページ参照）。桜とアラザンを飾る。

Berry Cupcake
ベリーカップケーキ

マフィンにもクリームにも甘酸っぱいベリーがたっぷり。
パーティーにもぴったりの愛されスイーツ。

材料（10個分）

プレーンマフィン

- 卵 …… 1個
- グラニュー糖 …… 110g
- はちみつ …… 15g
- サラダオイル …… 100g
- ☆無脂肪ヨーグルト …… 60g
- ☆牛乳 …… 25ml
- ★薄力粉 …… 150g
- ★重曹 …… 小さじ1/2(2g)
- レモン汁 …… 大さじ1
- ラズベリー(冷凍でも可) …… 30粒

ベリーバタークリーム

- 水 …… 20ml
- グラニュー糖 …… 60g
- 卵黄（常温） …… 2個分
- バター(常温) …… 150g
- ラズベリーピューレ …… 100g

デコレーション

- ラズベリージャム
- ラズベリー …… 10粒
- 金箔

準備

・マフィン用のラズベリーはレモン汁でマリネする。

作り方

1 プレーンマフィン(10ページ参照)の作り方3で、レモン汁とラズベリーを混ぜ込み、140℃のオーブンで25分焼き、冷ます。

2 マフィン中央を口金の後ろでくり抜く。

3 パータ・ボンブバタークリーム(13ページ参照)を作り、ラズベリーピューレを少しずつ加えホイッパーでよく混ぜる。

4 マフィンの穴にラズベリージャムを詰め、3のクリームを、5切口金をつけた絞り袋で2重になるように絞り出す(15ページ参照)。

5 ラズベリーと金箔を飾る。

Carrot Cupcake
キャロットカップケーキ

人参の自然な甘さとパイナップルの酸味がさわやかに広がります。
シナモンの香りと胡桃の歯ごたえをアクセントに。

材料（10個分）

キャロットマフィン

卵……………………………1個
きび砂糖 ………………… 120g
サラダオイル…………… 100g
☆無脂肪ヨーグルト ………… 60g
☆牛乳…………………… 25ml
★薄力粉 ………………… 150g
★重曹 ………… 小さじ1/2(2g)
シナモンパウダー ……… 小さじ2
人参(すりおろしたもの)中サイズ‥1本
パイナップル …………… 25g
胡桃……………………… 20g

クリームチーズバタークリーム

バター（常温）…………… 50g
粉砂糖 ………………… 100g
クリームチーズ ………… 50g

デコレーション

胡桃

作り方

1 プレーンマフィン(10ページ参照)に、シナモンパウダー、人参、パイナップル、胡桃を加え生地を作る。

2 マフィン型に流し入れ、140℃のオーブンで30分焼く。

3 焼けたら完全に冷ます。

4 アメリカンバタークリーム(12ページ参照)にクリームチーズを加え、ハンドミキサーでよく混ぜる。

5 丸口金をつけた絞り袋にクリームを入れ、ぐるっと円を描くように2重に絞る(14ページ参照)。胡桃を飾る。

OREO

Oreo Cupcake

オレオカップケーキ

ほろ苦いオレオクッキーと甘さ控えめのクリームは、みんな大好き。
とろけ出るチョコソースが最高の味わい。

材料（10個分）

チョコレートマフィン

卵・・・・・・・・・・・・・・・・・・・・・・・・・・1個
グラニュー糖・・・・・・・・・・・・・・・110g
サラダオイル・・・・・・・・・・・・・・・100g
☆無脂肪ヨーグルト・・・・・・・・・・・60g
☆牛乳・・・・・・・・・・・・・・・・・・・・25ml
☆インスタントコーヒー（顆粒）・小さじ1
★薄力粉・・・・・・・・・・・・・・・・・・100g
★ココアパウダー・・・・・・・・・・・・・50g
★重曹・・・・・・・・・・・・・小さじ1/2(2g)
塩・・・・・・・・・・・・・・・・・・・・小さじ1/2
オレオクッキー(ココアビスケット)・・25g
クリームチーズ・・・・・・・・・・・・・・適宜

オレオクリーム

イタメレバタークリーム(13ページ参照)
オレオクッキー（ココアビスケット）

デコレーション

チョコレートソース
オレオクッキー（ミニ）

準備

・マフィンとクリーム用のオレオクッキーはクリーム部分を除き、砕いておく(粗めとパウダー状まで細かくしたものの2種類)。

作り方

1 チョコレートマフィン(11ページ参照)生地を作る。

2 マフィン型に粗く砕いたオレオクッキー、クリームチーズ、1を流し入れる。

3 140℃のオーブンで30分焼き、完全に冷ます。

4 イタメレバタークリーム(13ページ参照)を作り、最後にパウダー状のオレオクッキーを加える。丸口金をつけた絞り袋にクリームを入れる。

5 マフィンに2周フラットに絞る。チョコレートソースを真ん中のくぼみに流し入れ、オレオクッキーを飾る。

Banana Tiramisu Cupcake

バナナティラミスカップケーキ

コーヒーリキュールがきいた、ちょっぴりほろ苦い大人の味。
マスカルポーネのクリーミーな味わいも楽しんで。

材料（10個分）

コーヒーマフィン

卵……………………………1個
グラニュー糖………………120g
サラダオイル………………100g
☆無脂肪ヨーグルト…………60g
☆牛乳…………………………25ml
☆インスタントコーヒー（顆粒）…大さじ1
★薄力粉……………………150g
★重曹……………小さじ1/2(2g)
コーヒーリキュール………大さじ1
バナナ(熟したもの)…………3本

マスカルポーネバタークリーム

イタメレバタークリーム(13ページ参照)
マスカルポーネ………………50g

コーヒーシロップ（13ページ参照）

水……………………………100ml
グラニュー糖………………30g
インスタントコーヒー（顆粒）…小さじ1
コーヒーリキュール………大さじ1

ココアパウダー

準備

・☆を電子レンジで20秒ほど加熱し、ホイッパーで溶かし合わせる。

POINT

しっかりと硬さのあるマスカルポーネを使用すると、きれいな丸に。

作り方

1 プレーンマフィン(10ページ参照)の要領で、準備した☆と、作り方2でコーヒーリキュールを加え、コーヒーマフィン生地を作る。

2 マフィン型に生地と3cm幅にカットしたバナナを入れ、140℃のオーブンで30分程度焼く。

3 焼けたらすぐにコーヒーシロップ(13ページ参照)を刷毛でしっかりと塗り、完全に冷ます。

4 イタメレバタークリーム(13ページ参照)を作り、やわらかくしたマスカルポーネをゴムベラで合わせる。

5 1cmの丸口金をつけた絞り袋にクリームを詰めて準備する。

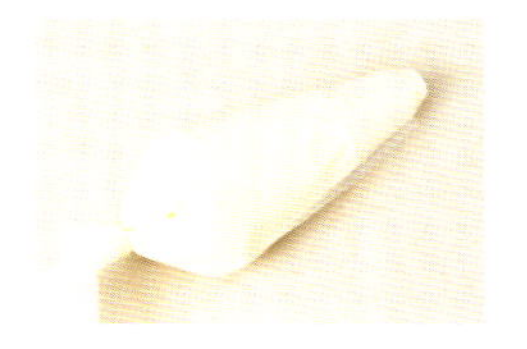

6 マフィンの上に小さな丸をたくさん絞り（15ページ参照）、仕上げにココアパウダーをふるう。

Tea & Pear Cupcake

紅茶と洋梨のカップケーキ

芳醇な味と香りがたまらないシックなカップケーキ。
シンプルな見ためと飽きのこないクリームはおもてなしにも。

材料（10個分）

紅茶マフィン

牛乳……………………100ml
紅茶のティーバッグ……………2個
卵……………………1個
グラニュー糖……………120g
サラダオイル……………100g
★薄力粉……………160g
★重曹……………小さじ1/2(2g)
紅茶の茶葉（ティーバッグの中身）
……………………大さじ1
紅茶エッセンス……………適宜
洋梨（缶詰）

イタメレバタークリーム

水……………………20ml
グラニュー糖①……………60g
卵白……………………30g
グラニュー糖②……………15g
バター（常温）……………450g

デコレーション

洋梨（缶詰）

準備

・洋梨（缶詰）は小さめにカットする。

作り方

1 紅茶マフィン（11ページ参照）の要領で、作り方3の焼く際にマフィン型の底に洋梨を入れ、生地を流し入れる。

2 140℃のオーブンで30分焼く。

3 イタメレバタークリーム（13ページ参照）を作り、丸口金をつけた絞り袋に入れ、マフィンにぐるっと2重になるように絞る（14ページ参照）。

4 洋梨を飾る。

Matcha Green Tea Black Sesame Cupcake
抹茶と黒ごまのカップケーキ

香ばしい黒ごまと濃厚な抹茶が主役の和風の味わい。
お正月のおもてなしや、手土産にも喜ばれます。

材料（10個分）

黒ごまマフィン

卵 ・・・・・・・・・・・・・・・・・・・・・・・・・ 1個
きび砂糖 ・・・・・・・・・・・・・・・・・・ 110g
サラダオイル ・・・・・・・・・・・・・・ 100g
☆無脂肪ヨーグルト ・・・・・・・・・・ 60g
☆牛乳 ・・・・・・・・・・・・・・・・・・・・ 25ml
★薄力粉 ・・・・・・・・・・・・・・・・・・ 150g
★重曹 ・・・・・・・・・・・・・ 小さじ1/2(2g)
★黒すりごま ・・・・・・・・・・・・・・・・ 20g
あん（こしあん）・・・・・・・・・・・・・ 50g
栗の渋皮煮 ・・・・・・・・・・・・・・・・・ 10個

抹茶バタークリーム

水 ・・・・・・・・・・・・・・・・・・・・・・・ 20ml
グラニュー糖 ・・・・・・・・・・・・・・・・ 60g
卵黄（常温）・・・・・・・・・・・・・・・ 2個分
バター（常温）・・・・・・・・・・・・・・ 150g
抹茶ペースト（抹茶 大さじ2、湯 大さじ2を合わせる）

デコレーション

栗の渋皮煮 ・・・・・・・・・・・・・・・・・ 適宜
アラザン（金）・・・・・・・・・・・・・・・ 適宜
黒ごま ・・・・・・・・・・・・・・・・・・・・・ 適宜

作り方

1 プレーンマフィン（10ページ参照）の要領で、作り方3に黒ごまを追加し生地を作る。

2 マフィン型に細かく刻んだ栗と丸めたあんを入れ、生地を流し入れる。

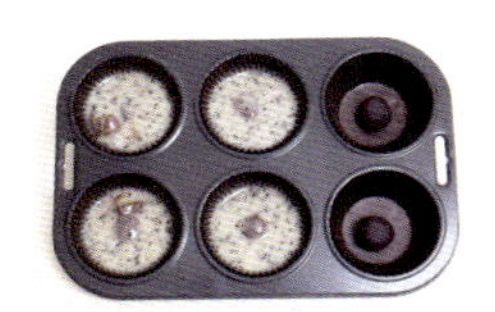

3 140℃のオーブンで30分焼き、冷ます。

4 パータ・ボンブバタークリーム（13ページ参照）に、抹茶ペーストをホイッパーで混ぜ、5切口金をつけた絞り袋に入れる。

5 ぐるっと2重に絞り（15ページ参照）、栗の渋皮煮、アラザン、黒ごまを飾る。

Foret Noire Cupcake

フォレノワールカップケーキ

「黒い森」を意味するドイツの定番ケーキをカップケーキに。
チェリー、チョコレート、キルシュの香りが漂います。

材料（10個分）

チョコレートマフィン

卵……1個
グラニュー糖……110g
サラダオイル……100g
☆無脂肪ヨーグルト……60g
☆牛乳……25ml
☆インスタントコーヒー（顆粒）・小さじ1
★薄力粉……100g
★ココアパウダー……50g
★重曹……小さじ1/2(2g)
塩……小さじ1/2
ダークスイートチェリー（缶詰）・・20粒

キルシュシロップ

水……100ml
グラニュー糖……30g
キルシュ……大さじ1

クリーム

生クリーム……100ml
マスカルポーネ……50g
グラニュー糖……10g
ホワイトチョコレート……10g

デコレーション

チェリー
チョコレートスプレー

準備

・ホワイトチョコレートは刻んで湯せんで溶かし、常温で冷ます。

POINT

クリームを作るときは、ボウルを氷水にあてながら混ぜ合わせて。

作り方

1 チョコレートマフィン（11ページ参照）生地を作り、ダークスイートチェリーと一緒にマフィン型に流し入れる。

2 140℃のオーブンで25分焼き、温かいうちにキルシュシロップ（13ページ参照）を刷毛で塗ってから、冷ます。

3 シャンティークリーム（12ページ参照）にホワイトチョコレートを加え、ゴムベラでふんわりと合わせる。

4 丸口金をつけた絞り袋で、マフィンの上にソフトクリームを作るように絞る。

5 チェリーとチョコレートスプレーを飾る。

ハニーナッツ

材料

ナッツ(胡桃、カシューナッツなどお好みのもの)････60g
はちみつ･･････････････････････････････････100g

作り方

ナッツを160℃のオーブンで10分ローストする。粗熱がとれたら瓶にナッツ、はちみつを入れ、常温で保管する。2日以上寝かせると、味がよく染みこみおいしくなります。

Chocolate Berry Honey-Nut Trifle

ベリーショコラとハニーナッツのトライフル

はちみつの優しい甘さが染みこんだ、“ナッツのはちみつ漬け”は、
そのままでも、ヨーグルトやパンケーキ、フルーツなどに合わせても。

材料（グラス6個分）

ガトーショコラ（四角型15cm）

卵黄……………………2個分
グラニュー糖 ①…………… 30g
ラム酒………………小さじ1
スイートチョコレート……… 60g
バター…………………… 65g
薄力粉…………………… 10g
ココアパウダー…………… 30g
卵白……………………2個分
グラニュー糖 ②…………… 40g

デコレーション

生クリーム……………… 200ml
グラニュー糖 ……………16g
ハニーナッツ……………適宜
ラズベリージャム …………適宜
ラズベリー、ブラックベリー …適宜
スペアミント
ピスタチオ

作り方

1 ボウルに卵黄、グラニュー糖①、ラム酒を入れよく混ぜる。

2 チョコレートとバターを湯せんで溶かし、人肌の温度で1に加えてホイッパーで混ぜる。

3 別のボウルでメレンゲ（9ページ作り方2参照）を作り、2をマーブル状まで軽くゴムベラですくい混ぜ、ふるった薄力粉とココアパウダーを加えさらに混ぜる。

4 型に流し入れ160℃のオーブンで30分焼く。粗熱がとれたら一口大にカットする。

5 デコレーション用の生クリームとグラニュー糖を7分立てに泡立てる。

6 グラスにハニーナッツ、ガトーショコラ、ラズベリージャム、生クリーム、ベリー類を重ねる。最後にミント、ピスタチオを上に飾る。

Mango Coconuts Verrine

マンゴーとココナッツのヴェリーヌ

鮮やかなマンゴーと真っ白なココナッツの層が美しいトロピカルなデザート。
パンナコッタ、プリン、ジュレと3つの食感を併せもち、口当たりも楽しい。

材料（グラス6個分）

ココナッツパンナコッタ

★牛乳……………………35ml
★ココナッツミルク…………35g
★グラニュー糖……………15g
★生クリーム………………65ml
板ゼラチン①………………2g

グレープフルーツジュレ

☆グレープフルーツジュース‥100ml
☆レモン汁…………………5ml
☆グラニュー糖……………20g
板ゼラチン②………………3g

マンゴープリン

卵黄……………………1個分
グラニュー糖………………25g
水…………………………7ml
板ゼラチン③………………3g
マンゴーピューレ…………200g
コンデンスミルク……………7g
生クリーム…………………65ml

マンゴー（トッピング）

準備

・板ゼラチンを氷水でもどす。

作り方

1 ★を鍋に入れ、グラニュー糖が溶けるまで中火にかける。

2 もどしたゼラチン①を鍋に加え混ぜ溶かし、粗熱がとれたらグラスに注ぎ、冷蔵庫へ。

3 ☆を鍋に入れ、中火にかけグラニュー糖を溶かす。

4 もどしたゼラチン②を加え溶かす。冷蔵庫で約1時間冷やし固め、フォークなどで細かくする。

5 卵黄、グラニュー糖、水をボウルで混ぜ合わせ、湯せんで溶かす。

6 とろみが出たら、もどしたゼラチン③を加え溶かし、マンゴーピューレ、コンデンスミルク、生クリームを加え、ホイッパーでよく混ぜる。

7 2のパンナコッタの上に注ぎ、約2時間冷やし固める。4のジュレとマンゴーを飾る。

2

3

4

5

6

7

Strawberry Pistachio Mousse
いちごとピスタチオのムースグラス

濃厚なピスタチオの香りといちごの酸味。
グリーンとピンクの色合いが春らしい、淡く優しい味わいのムース。

材料（グラス6個分）

ピスタチオのビスキュイ生地

卵黄	2個分
グラニュー糖①	20g
卵白	2個分
グラニュー糖②	40g
薄力粉	75g
ピスタチオペースト	15g

ストロベリームース

ストロベリーピューレ	180g
グラニュー糖	45g
板ゼラチン	6g
生クリーム	120ml

デコレーション

ストロベリーピューレ	10g
グラサージュ（透明）	40g
いちご、ブルーベリーなど	

準備

・板ゼラチンを氷水でもどす。

作り方

1 ビスキュイ（9ページ参照）の作り方1にピスタチオペーストを混ぜ、生地を作り焼く。使用するグラスに合わせて12枚にカットする。

2 小鍋にストロベリーピューレとグラニュー糖を入れ、中火にかける。グラニュー糖が溶けたらもどしたゼラチンを加え、粗熱をとる。

3 別のボウルで生クリームを8分立てに泡立てる。

4 2のピューレを混ぜムースを作る。

5 グラスに1のビスキュイを入れ、ムースを重ねる。これを繰り返す。最上層のムースはグラスぎりぎりまで入れ、冷蔵庫で約2時間冷やし固める。

6 ムースの上にピューレを少しずつ広げ、その上にグラサージュをかけコーティングする。いちごなどを飾る。

Fruit Jelly

フルーツゼリー(グレープフルーツ、オレンジ)

果汁100%のジュースを使って簡単ゼリーに。
旬のフルーツを盛り付けて、華やかに仕上げて。

材料(グラス6個分)

グレープフルーツジュース
(オレンジジュース)……… 300ml
レモン汁 ……………… 小さじ1
グラニュー糖……………… 50g
板ゼラチン………………… 6g

グレープフルーツ(オレンジ)

準備

- グレープフルーツ(オレンジ)は皮をむき、房から出して、2/3は一口サイズ、残りはトッピング用に房ごとにカットする。
- 板ゼラチンを氷水でもどす。

作り方

1 耐熱ボウルにジュース、レモン汁、グラニュー糖を入れ電子レンジで30秒、2回温める。

2 もどしたゼラチンを加え溶かし、粗熱がとれたら一口サイズにカットしたグレープフルーツと共にグラスに注ぎ、冷蔵庫で約2時間冷やし固める。

3 房ごとにカットした果肉をゼリーの上に重ねるように並べる。

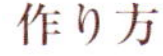

スイカのソーダゼリー

材料(グラス6個分)

ソーダ ……………………… 300ml
グラニュー糖………………… 50g
板ゼラチン …………………… 6g
スイカ ………………………… 適宜

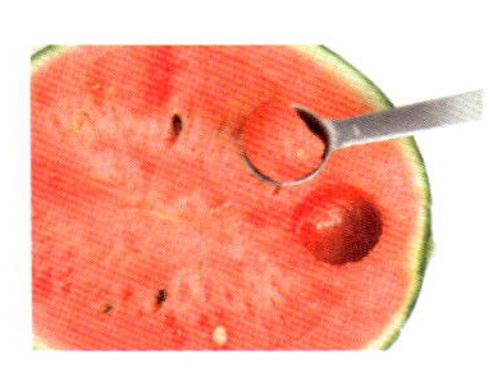

作り方

フルーツゼリーの要領でジュースをソーダに、フルーツをスイカに変えて作る。
スイカは深さのある小さじスプーンでくり抜く。スイカの皮は細くカットしてさっと湯通しし、竹串に巻いて飾りを作る。

Grapefruit Curd Icy Sweets

グレープフルーツカードのひんやりスイーツ

“カード”とは濃厚なフルーツクリームのような、イギリスの伝統的スプレッド。
さわやかなグレープフルーツの香りがやさしく広がります。

材料（グラス6個分）

スポンジ生地

卵……………………………2個
グラニュー糖………………70g
薄力粉………………………55g
牛乳…………………………10ml
溶かしバター………………15g

ビスケットクランブル

グラハムビスケット………60g
溶かしバター………………20g

グレープフルーツカード

卵……………………………2個
グラニュー糖………………40g
グレープフルーツジュース……60ml
板ゼラチン…………………3g
バター………………………25g

シャンティークリーム

生クリーム…………………120ml
マスカルポーネ……………60g
グラニュー糖………………20g

マーマレードジャム（市販）
ライム、グレープフルーツの皮（削ったもの）

準備

・グラハムビスケットを瓶の底などで細かく砕き、溶かしバターと合わせビスケットクランブルを作る。
・板ゼラチンを氷水でもどす。

作り方

1 スポンジ生地（8ページ参照）を水平に3枚にスライスし、5cmのセルクルで6枚くりぬく。

1

2 ボウルに溶いた卵、グラニュー糖を入れホイッパーで混ぜ、グレープフルーツジュースを加えさらに混ぜる。

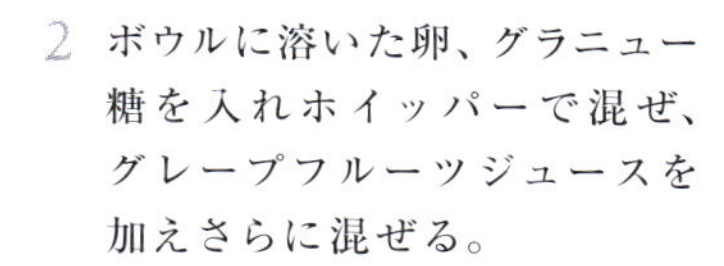

3 小鍋に移しゴムベラで混ぜながら、少しとろみがつくまで火にかける。

3

4 もどしたゼラチン、バターを加え混ぜ、バットに移し氷水にあて、粗熱をとる。

4

5 グラスの底にスポンジ、ジャムを入れる。

5

6 その上にビスケットクランブル、4のカードを流し込む。冷蔵庫で約2時間冷やし固める。

6

7 シャンティークリーム（12ページ参照）を作り、サントノーレの口金で左右にふりながら絞る。

8 クリームの上にグレープフルーツとライムの皮を飾る。

8

Orange Tiramisu

オレンジティラミス

定番のティラミスに、オレンジのさわやかな酸味がアクセント。
たっぷりのマスカルポーネクリームが、なめらかで軽やかな味わいに。

材料（グラス6個分）

ビスキュイ生地

卵黄……………………2個分
グラニュー糖①……………20g
卵白……………………2個分
グラニュー糖②……………40g
薄力粉…………………75g

クリーム

卵黄……………………2個分
グラニュー糖……………45g
板ゼラチン………………3g
グランマニエ……………15g
マスカルポーネ…………150g
生クリーム……………100ml

シロップ（13ページ参照）

水……………………25ml
グラニュー糖……………10g
グランマニエ……………7g

オレンジ（一口大にカットしたもの）
ココアパウダー

準備

・板ゼラチンを氷水でもどす。

作り方

1 ビスキュイ（9ページ参照）を作る。天板に直径5cmの円形に10個絞り、170℃のオーブンで15分焼く。

1

2 卵黄にグラニュー糖を入れ、白っぽくなるまですり混ぜる。

3 もどしたゼラチンを、レンジで温めたグランマニエに入れ溶かし、2に加えホイッパーでよく混ぜる。

3

4 マスカルポーネと卵黄液をホイッパーで混ぜ、ホイップした生クリームをゴムベラで合わせる。

4

5 グラスに冷めたビスキュイ、シロップ、オレンジ、4のクリームを順番に重ねる。

5

6 さらにビスキュイ、シロップ、クリームを重ねる。

6

7 仕上げにココアパウダーをふるう。

Coffee Blanc Manger

コーヒーブラマンジェ

なめらかなブラマンジェとふるふるゼリーがほどよく溶け合う、
コーヒーのほろ苦さを存分に引き出したデザート。

材料（グラス6個分）

コーヒーブラマンジェ

- コーヒー豆（深入り）……10g
- ★生クリーム……250ml
- ★牛乳……100ml
- ★グラニュー糖……40g
- 板ゼラチン①……4g

コーヒーゼリー

- ☆水……250ml
- ☆インスタントコーヒー（顆粒）……4g
- ☆グラニュー糖……50g
- 板ゼラチン②……6g

デコレーション

- 生クリーム……大さじ2
- アイスクリーム……適宜

準備

・コーヒー豆を瓶の底で軽く砕く。
・板ゼラチンを氷水でもどす。

作り方

1 鍋に準備したコーヒー豆、★を入れ、中火で5分加熱する。

2 クッキングシートを敷いたふるいに通してコーヒー豆を取り除き、もどしたゼラチン①を加える。

3 粗熱がとれたらグラスに注ぎ、冷蔵庫で約1時間冷やし固める。

4 鍋に☆を入れ、湯気が出るまで加熱し、もどしたゼラチン②を加える。

5 バットに移し、氷水で粗熱をとる。冷蔵庫で約1時間冷やし固める。

6 3のブラマンジェの上に、フォークで5のコーヒーゼリーをのせる。お好みで生クリームやアイスクリームを添えて。

Blueberry Mont Blanc

ブルーベリーモンブラン

香り高いマロンクリームと甘酸っぱいブルーベリーをグラスに重ねて、
モンブラン仕立てに。本格的な栗の味わいが楽しめます。

材料（グラス6個分）

スポンジ生地

- 卵 …… 2個
- グラニュー糖 …… 70g
- 薄力粉 …… 55g
- 牛乳 …… 10ml
- 溶かしバター …… 15g

栗入りホイップ

- 生クリーム …… 160ml
- グラニュー糖 …… 15g
- 栗の渋皮煮(細かく刻んだもの) …… 3個

マロンクリーム

- ★マロンペースト(常温) …… 150g
- ★ラム酒 …… 小さじ1
- ★牛乳 …… 大さじ1
- ★バター …… 25g

- ラム酒シロップ(13ページ参照) …… 20g
- ブルーベリージャム(13ページ参照) …… 20g
- ブルーベリー …… 適宜
- ミント …… 適宜
- 栗の渋皮煮（デコレーション用） …… 適宜

作り方

1 スポンジ(8ページを参照）を作り、水平に3枚にスライスする。5cmの丸型セルクルで6枚くり抜く。

2 グラスの底に敷き、ラム酒シロップを刷毛で塗る。

3 ブルーベリージャムを重ねる。

4 栗入りホイップを作る。生クリームにグラニュー糖を加え、9分立てに泡立て、栗の渋皮煮を混ぜる。

5 マロンクリームを作る。★をハンドミキサーで混ぜ合わせる。

6 3に栗入りホイップを重ね、マロンクリームを星口金で円を描くように絞る。

7 ブルーベリー、ミント、栗の渋皮煮を飾る。

2

3

4

5

6

Matcha Mousse

抹茶のムース

とろけるような抹茶ムースの中に、ビスキュイと黒豆を閉じ込めて。
味と食感、彩りが調和した和風デザート。

材料（カップ6個分）

ビスキュイ生地

卵黄……2個分
グラニュー糖①……20g
卵白……2個分
グラニュー糖②……40g
薄力粉……75g

シロップ（13ページ参照）

水……25ml
グラニュー糖……10g
キルシュ……7g

抹茶ムース

牛乳……180ml
グラニュー糖①……30g
抹茶……5g
湯……5ml
板ゼラチン……3g
生クリーム……150ml
グラニュー糖②……10g

煮黒豆

デコレーション

生クリーム……100ml
グラニュー糖……10g
桜の花の塩漬け（塩抜きしたもの）
金箔

準備

・板ゼラチンを氷水でもどす。
・桜の花の塩漬けを、40℃程度のぬるま湯に5分程浸し塩抜きする。

作り方

1 ビスキュイ（9ページ参照）を作る。天板に直径5cmの円形に10個絞り、170℃のオーブンで15分焼く。

1

2 カップの底に敷きシロップを染み込ませる。

2

3 ムースを作る。鍋に牛乳とグラニュー糖①を入れ、沸騰させる。

4 ボウルに抹茶と湯を混ぜ、ホイッパーでなめらかになるまで混ぜる。

4

5 3の牛乳をボウルに移し、4の抹茶ペーストともどしたゼラチンを加えホイッパーで混ぜる。氷水で冷ます。

6 別のボウルで生クリームとグラニュー糖②を8分立てに泡立てる。

6

7 5の抹茶液をホイッパーで合わせる。

7

8 2に黒豆を置き、7のムースを流し入れる。冷蔵庫で2時間冷やし固める。

8

9 デコレーション用の生クリームをグラニュー糖と泡立て、桜の花の塩漬け、金箔と一緒に飾る。

column 2

ロンドンのカップケーキに出会って

私がおいしいカップケーキと出会ったのは、もうひとつの留学先のロンドンでした。

ロンドンで人気のケーキショップの“Peggy Porschen”や“Bea's of Bloomsbury”では、私たちがイメージするアメリカンな甘いカップケーキではなく、フランス菓子の技術を使って作られる、軽い口当たりの、おいしいカップケーキを食べることができます。

かわいいロンドンのカップケーキに、東京やパリで学んだフランス菓子のエッセンスを加えて、「本当においしいカップケーキを日本でも広めていきたい！」そう思い、帰国しすぐにレッスンをスタートさせました。

味にこだわりぬいた、かわいらしいカップケーキは口コミで広がり、今ではキャンセル待ちや、外国人の方も体験レッスンに来られるほどにまで成長しました。

切り分けのいらないカップケーキは、そのままでもひとつひとつがかわいらしく、ギフトとしてもどんな方にも喜ばれます。

本書のカップケーキのレシピは、土台の生地とクリームの組み合わせは自由！
好みやシチュエーションに合わせて楽しみながら作ってみてください。

3　特別な日のお菓子

誕生日や記念日、大切なお祝いや季節の行事のときには、いつもより豪華に華やかにドレスアップして。プレゼントはもちろん、大勢の人が集まる場にもおすすめです。大切な人を素敵なお菓子で喜ばせましょう。

Naked Cake

ネイキッドケーキ

クリームをあえてラフにデコレーションした、ナチュラルで洗練された雰囲気。
幾重にも重なった生地とクリームの、コクと軽さの一体感ある味わい。

材料（直径 15cm 丸台1台分）

スポンジ生地

卵・・・・・・・・・・・・・・・・・・・・・・2個
グラニュー糖・・・・・・・・・・・・・・70g
薄力粉・・・・・・・・・・・・・・・・・・55g
牛乳・・・・・・・・・・・・・・・・・・・10ml
溶かしバター・・・・・・・・・・・・・・15g

シャンティークリーム

生クリーム・・・・・・・・・・・・・600ml
マスカルポーネ・・・・・・・・・・・300g
グラニュー糖・・・・・・・・・・・・・60g
バニラエッセンス・・・・・・・・・15滴

シロップ（13ページ参照）

水・・・・・・・・・・・・・・・・・・・・100ml
グラニュー糖・・・・・・・・・・・・・30g
ストロベリーリキュール・・大さじ1

デコレーション

いちご、キウイ・・・・・・・・・・・適宜
ローズマリー・・・・・・・・・・・・・適宜

POINT

ハーブや草花などで飾ると、より自然でこなれた仕上がりに。

作り方

1

スポンジ（8ページ参照）を1cmの厚さに4枚スライスする。1枚をケーキ台にセットし、シロップを塗る。

2

パレットナイフでシャンティークリーム（12ページ参照）を塗り、5mm程度周囲を残して、半分にスライスしたいちごを全面にのせる。

3

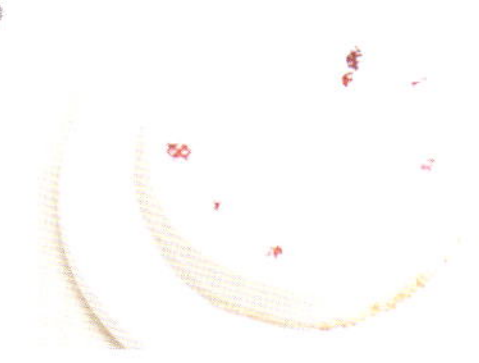

いちごが完全に隠れるように、クリームを重ねて塗る。

4

残りのスポンジも同様に重ね、最後の1枚はクリームのみのせる。側面はスポンジが透けて見えるぐらい、薄く塗る。

5

フルーツなどを扇形に飾る。

No Bake Blueberry Cheesecake

ブルーベリーレアチーズケーキ

まっ白なレアチーズケーキに、食べられるお花“エディブルフラワー”を添えて華やかに。
季節に合わせてお好みのジャムやフルーツでアレンジしましょう。

材料（直径15cmのセルクル1台分）

クッキーベース

グラハムクッキー……90g
溶かしバター……30g
シナモン……小さじ1

ブルーベリージャム……適宜

クリームチーズ液

クリームチーズ……300g
粉砂糖……45g
★プレーンヨーグルト……85g
★生クリーム……35ml
★レモン汁……15ml
★レモンの皮（すりおろす）・1/2個
板ゼラチン……5g

デコレーション

ブルーベリー、ブラックベリー
粉砂糖
エディブルフラワー

準備

・クリームチーズは常温に戻しておく。
・板ゼラチンを氷水でもどす。
・クッキーはビニール袋に入れ、めん棒などでたたき細かく砕く。
・クッキングシートを敷いたバットにセルクルを置く。

作り方

1

クッキーベースをすべて混ぜ合わせ、スプーンなどでセルクルに敷き詰めて、冷蔵庫で冷やし固める。固まったら、ブルーベリージャムを中央にのせる。

2

クリームチーズをゴムベラでなめらかに混ぜ、粉砂糖を加え混ぜる。★を順に入れ、その都度よく混ぜる。

3

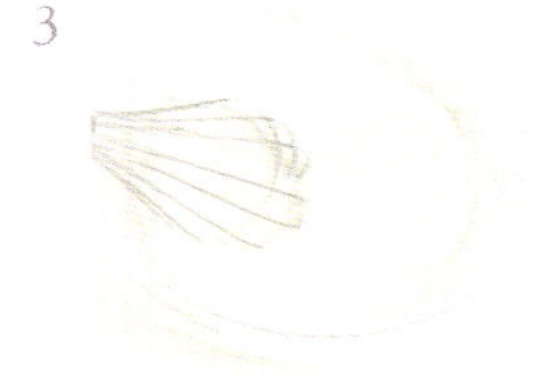

もどしたゼラチンをボウルに入れ湯せんで溶かす。2をすくい入れよく混ぜ、チーズ液のボウルにもどし入れる。

4

クリームチーズ液を1のセルクルに流し入れる。表面を整えて、冷蔵庫で2～3時間冷やし固める。

5

固まったら、ホットタオルをセルクルの周りにあててはずす。

6

ベリー類をリース状にのせ、粉砂糖をふり、仕上げにエディブルフラワーをのせる。

Fraisier

フレジエ

バターとカスタードを合わせたクレームムスリーヌを、
軽い食感のビスキュイではさんだ、エレガントなフランス風ショートケーキ。

材料（15cm正角セルクル1台分）

ビスキュイ生地

- 卵黄 …… 35g
- グラニュー糖① …… 15g
- 卵白 …… 45g
- グラニュー糖② …… 30g
- 薄力粉 …… 55g

クレームムスリーヌ

- 卵黄 …… 2個分
- グラニュー糖 …… 42g
- ☆薄力粉 …… 7g
- ☆コンスターチ …… 7g
- 牛乳 …… 175ml
- バニラビーンズ …… 1/4本
- バター …… 70g

デコレーション

- ★生クリーム …… 100ml
- ★グラニュー糖 …… 8g
- いちご …… 適宜

作り方

1

四角いビスキュイ（9ページ参照）を2枚作り、1枚をケーキの底になるようセルクルにはめる。いちごを敷き詰める。

2

ボウルに卵黄、グラニュー糖、☆をホイッパーで混ぜ合わせ、鍋で沸騰させた牛乳とバニラビーンズを加え混ぜる。

3

鍋にもどし入れ、ホイッパーで沸騰するまで混ぜ続ける。

4

バットに3のクリームを移し、表面にラップを密着させ、底に氷水をあて冷やす。

5

冷めたクリームとバターをホイッパーで混ぜ、1のセルクルに入れ表面を平らにならす。

6

もう1枚のビスキュイで蓋をし、冷蔵庫で約1時間寝かせる。

7

★を8分立てに泡立て、6の上にパレットナイフで広げセルクルを取る。丸口金でしずく型にデコレーションする。

Matcha Raspberry Charlotte

抹茶とラズベリーのシャルロットケーキ

バニラムースを抹茶風味のビスキュイで囲んだ、彩り美しい一品。
中にラズベリーマリネを重ね入れ、ミルキーなムースとともに香りと食感を楽しむ。

材料（15cm丸台セルクル1台分）

抹茶のビスキュイ生地

卵黄・・・・・・・・・・・・・・・・・・・・30g
グラニュー糖①・・・・・・・・・・・・20g
卵白・・・・・・・・・・・・・・・・・・・・45g
グラニュー糖②・・・・・・・・・・・・30g
薄力粉・・・・・・・・・・・・・・・・・・50g
抹茶・・・・・・・・・・・・・・・・・・・・10g
粉砂糖・・・・・・・・・・・・・・・・・・適宜

バニラムース

卵黄・・・・・・・・・・・・・・・・・・・・25g
グラニュー糖・・・・・・・・・・・・・10g
バニラビーンズ・・・・・・・・・・1/4本
牛乳・・・・・・・・・・・・・・・・・・・65ml
板ゼラチン・・・・・・・・・・・・・・・2g
生クリーム・・・・・・・・・・・・・65ml

ラズベリーマリネ

☆ラズベリー（冷凍）・・・・・・15粒
☆粉砂糖・・・・・・・・・・・・・・・・10g
☆キルシュ・・・・・・・・・・・・・・・・5g

デコレーション

ラズベリー、ブルーベリー・・適宜

準備

・板ゼラチンを氷水でもどす。

作り方

1

ビスキュイ（9ページ参照）の薄力粉に抹茶を加え生地を作り、側面用に5cmの細長と、底用に直径15cmの渦巻き状に絞る。粉砂糖をふるい、170℃のオーブンで15分焼く。

2

卵黄とグラニュー糖を混ぜたボウルにバニラビーンズを入れ、沸騰させた牛乳を加えよく混ぜる。鍋にもどし入れ、とろみが出たらもどしたゼラチンを加える。

3

2のクリームをこして冷やす。7分立てに泡立てた生クリームと混ぜ合わせ、ムースを作る。

4

セルクルの高さに合わせて生地をカットし、側面と底をセットする。

5

☆を混ぜマリネして、底に敷き込む。

6

3のムースを流し入れ、冷蔵庫で約2時間冷やし固める。ラズベリー、ブルーベリーを飾る。

Christmas Tree Cupcake

クリスマスツリーのカップケーキ

ツリーのデコレーションで簡単にクリスマス仕様に。
好きなクリームと生地で作ったり、飾りを変えたりとアレンジ自由自在です。

材料（10個分）

紅茶マフィン

牛乳・・・・・・・・・・・・・・・・・・100ml
紅茶のティーバッグ・・・・・・・・2個
卵・・・・・・・・・・・・・・・・・・・・・1個
グラニュー糖・・・・・・・・・・・・120g
サラダオイル・・・・・・・・・・・・100g
★薄力粉・・・・・・・・・・・・・・・160g
★重曹・・・・・・・・・小さじ1/2(2g)
紅茶の茶葉
（ティーバッグの中身）・・・・大さじ1
紅茶エッセンス・・・・・・・・・・・適宜

アメリカンバタークリーム

バター（常温）・・・・・・・・・・・150g
粉砂糖・・・・・・・・・・・・・・・・・200g
フードカラー（ピンク、緑）

スプリンクル、星の飾りなど

POINT

金平糖やクッキーなどで飾っても、
華やかになります。

作り方

1

紅茶マフィン（11ページ参照）を作る。

2

アメリカンバタークリーム（12ページ参照）を作り、フードカラーで緑とピンクに着色する。ピンクはバラの口金、緑は5切口金にセットする。

3

ピンクのクリームをマフィン上に半円を描くようにして、花びらを絞る（15ページ参照）。

4

緑のクリームをソフトクリームのように絞りツリーを作る（14ページ参照）。スプリンクルなどを飾る。

ホットワイン

甘さ控えめでスパイシーな、
ヨーロッパのクリスマスの定番ドリンク！

材料（2人分）

赤ワイン・・375ml（ハーフボトル）
シナモンスティック・・・・・・・・1本
八角・・・・・・・・・・・・・・・・・・・・1個
クローブ・・・・・・・・・・・・・・・・2粒
オレンジ・1個(5mm幅の半月切り)
レモン・・・1個(5mm幅の半月切り)
グラニュー糖・・・・・・・・・・・・・30g

作り方

小鍋にすべての材料を入れ、グラニュー糖が溶けるまで弱火にかける。一晩寝かせると味と香りが深まり、しっかりとした味わいに。

Double Chocolate Cupcake

Wチョコレートカップケーキ

チョコチップ入りのカカオ香る生地に、
濃厚なチョコクリームでデコレーション。上品で華やかに仕上げました。

材料（10個分）

チョコレートマフィン

卵‥‥‥‥‥‥‥‥‥‥‥‥‥‥‥1個
グラニュー糖‥‥‥‥‥‥‥‥‥‥110g
サラダオイル‥‥‥‥‥‥‥‥‥‥100g
☆無脂肪ヨーグルト ‥‥‥‥‥60g
☆牛乳‥‥‥‥‥‥‥‥‥‥‥‥‥25ml
☆インスタントコーヒー
（顆粒）‥‥‥‥‥‥‥‥‥‥‥小さじ1
★薄力粉 ‥‥‥‥‥‥‥‥‥‥‥100g
★ココアパウダー ‥‥‥‥‥‥‥50g
★重曹 ‥‥‥‥‥‥‥小さじ1/2(2g)
塩‥‥‥‥‥‥‥‥‥‥‥‥‥小さじ1/2
チョコチップ‥‥‥‥‥‥‥‥‥‥20g

チョコレートクリーム

バター（常温）‥‥‥‥‥‥‥‥‥150g
粉砂糖 ‥‥‥‥‥‥‥‥‥‥‥‥‥150g
ココアパウダー‥‥‥‥‥‥‥‥‥70g

作り方

1

チョコレートマフィン生地（11ページ参照）を作る。

2

型にチョコレートチップと生地を流し入れ、140℃のオーブンで25分焼き、冷ます。

3

アメリカンバタークリーム（12ページ参照）の要領で、バターに粉砂糖、ココアパウダーをふるい入れ、ホイッパーでよく混ぜる。

4

星口金をつけた絞り袋にクリームを詰め、マフィン中央から平たく、ぐるっと絞る（15ページ参照）。

ショコラ・ショー

おうちバレンタインにぴったり、
濃厚なフランス風ホットチョコレート。

材料（2人分）

ココアパウダー ‥‥‥‥‥‥‥‥‥20g
グラニュー糖 ‥‥‥‥‥‥‥‥‥‥20g
湯‥‥‥‥‥‥‥‥‥‥‥‥‥‥‥‥90ml
牛乳‥‥‥‥‥‥‥‥‥‥‥‥‥‥370ml
スイートチョコレート ‥‥‥‥‥50g
ビターチョコレート ‥‥‥‥‥‥35g

作り方

小鍋にココアパウダー、グラニュー糖、湯を入れ火にかけ、ダマがなくなるまで混ぜる。さらに牛乳を入れ、なめらかになるまで混ぜる。チョコレート2種を加え、5分ほどしっかりと混ぜる。お好みでマシュマロやクリームをのせて。

column 3

材料へのこだわり

「お菓子づくりで大切なことは何ですか?」と聞かれると、私は決まって「おいしい材料を使うことです」と答えます。

私が材料にこだわり始めたのは、パリのお菓子レッスンでシェフに言われた、「本物のシェフとは、技術をもっているのは当たり前。さらにおいしい材料を見極め、集められる人だよ」と言われたことからです。

それは決して、値段の高い材料を使うと良いということではありません。用途に応じて安心で安全なもの、自分で試してみて、心からおいしいと感じられるものを使ってほしいのです。

私の教室でも、マダガスカル産のバニラビーンズ、北海道産の生クリームやバター、旬のフルーツなど、私が本当においしいと思える食材を使用するようにしています。

みなさんも、材料にこだわりをもって、更においしいお菓子づくりにチャレンジしてみてください。これまで作っていたお菓子が格段にレベルアップするので驚きですよ！

お気に入りのもの

私がよく使う材料や道具、容器など、
便利でおすすめのものをご紹介します。

薄力粉「スーパーバイオレット」
ふわふわ生地を作るのに最適。カップケーキ、スポンジケーキにおすすめ。

準強力粉「リスドォル」
ざくざくした食感を求めるときに。タルトやパウンドケーキにおすすめ。

粉砂糖
グラニュー糖に水あめが配合されていて扱いやすいので、あらゆるお菓子に使います。

オーガニックバニラビーンズペースト
バニラビーンズをペースト状にしたもの。エッセンスやオイル、バニラビーンズと同様に使えるので手軽で便利。

シリコン製ゴムベラ
ゴムベラは耐熱性のものを。生地を混ぜるだけでなく、直接熱いクリームを混ぜることもできます。

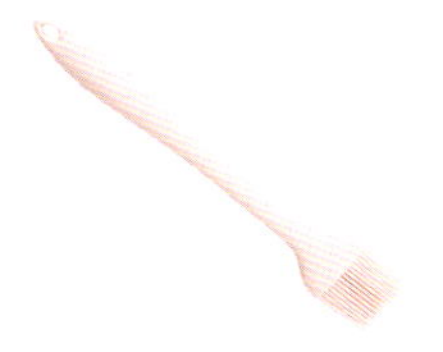

シリコン製刷毛
毛が落ちる心配がなく、衛生的に使えます。熱いシロップにつけてもOKです。

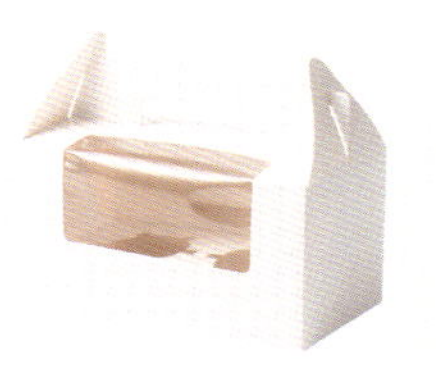

カップケーキ用箱
カップケーキを倒さずに持ち運べる専用ボックス。プレゼント用に便利。

Shop Information：TOMIZ（富澤商店）
https://tomiz.com（オンラインショップ） 全国71店舗（2017年9月30日現在）直営店あり お問い合わせ：042-776-6488

デザートカップ
【K74-146 ルポ PS】
キラキラの側面が美しいカップ。私が一番使っている、スイーツカップです。

デザートカップ
【IK80 φ155 クルブ PS】
よりかわいらしさが引き立つカップ。ひらひら部分にフルーツをのせて固定できるのもポイント！

紙製カップと専用の蓋
【ND-50FCL ll (38H) ラインブラン】
【ND-50F ドームふた】
そのままオーブンで焼くことができるベーキングカップ。蓋をすれば、持ち運びも可能。

Shop Information：伊藤景パック産業株式会社 https://www.itokei.com お問い合わせ：03-3847-4342

Profile

SAWAKO

ル・コルドン・ブルー東京校を卒業後、渡英・渡仏。本場のケーキデコレーション、カップケーキ、製菓を習得。帰国後、「お菓子教室 Fait Beau Tokyo」を主宰。基礎から学べるフランス菓子や、カップケーキレッスンの他、メディアやイベントへの出演や撮影協力、レシピ提供、外国人旅行者へのレッスン等で幅広く活動。「ELLE gourmet」フードクリエーター部所属、TOMIZ 富澤商店お菓子研究家。

お菓子教室 Fait Beau Tokyo フェボウ・トウキョウ

東京都目黒区(池尻大橋・中目黒)にある、日本人そして外国人旅行者に人気の教室。和やかな雰囲気の中、月替りのお菓子レッスン、カップケーキ習得コース"Cupcake Journey"、外国人向け"Japanese Baking Master Course"を学ぶことができます。

HP　http://faitbeau.com/
Instagram　@FaitBeauTokyo
Facebook　https://facebook.com/faitbeautokyo/

Staff

協力　喜井智絵里
菓子アシスタント　内山直子
撮影・スタイリング　Mari Kusakari
ブックデザイン　ジュウ・ドゥ・ポゥム

材料提供　TOMIZ(富澤商店)
伊藤景パック産業株式会社
スタジオ提供　ノートルスタジオ

パリのかわいいお菓子づくり

2017年11月15日　初版第1刷発行

著　者　SAWAKO
発行者　原 雅久
発行所　株式会社朝日出版社
〒101-0065
東京都千代田区西神田 3-3-5
電話 03-3263-3321(代表)
https://www.asahipress.com/

印刷・製本　図書印刷株式会社

ISBN 978-4-255-01025-0